MÉMOIRE

SUR L'OPPORTUNITÉ ET LA SIMPLIFICATION

DE L'OPÉRATION CÉSARIENNE.

A L'OCCASION D'UN DOUBLE FAIT D'OPÉRATION CÉSARIENNE
Pratiquée à dix ans d'intervalle sur la même personne

PAR

M. LEBLEU
D. M. P., chirurgien en chef de l'hospice civil de Dunkerque.

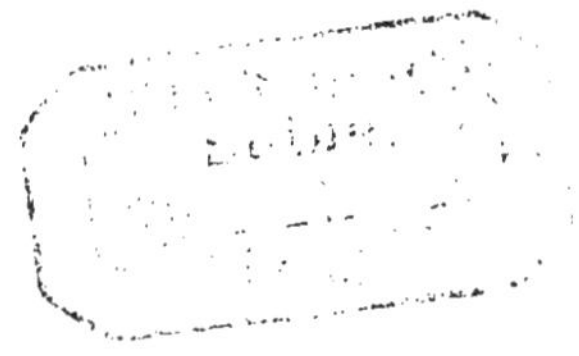

1855

MÉMOIRE

SUR L'OPPORTUNITÉ ET LA SIMPLIFICATION

DE L'OPÉRATION CÉSARIENNE.

A l'occasion d'un double fait d'opération césarienne pratiquée à dix ans d'intervalle sur la même personne, par M. Lebleu, D. M. P., chirurgien en chef de l'hospice civil de Dunkerque.

—

Humani nihil à me alienum puto.
(*Térence.*)

Pour mettre plus d'ordre et de clarté dans l'exposé de cette délicate et difficile question, je vais d'abord faire le récit de cette double observation d'opération césarienne :

J'exposerai ensuite, entre autres réflexions découlant de ce récit, la modification importante et bien simple que j'apporte au procédé opératoire, surtout par la *suppression de la gastroraphie ;*

Puis, je comparerai, sous le rapport purement médical, l'opération césarienne aux diverses autres manières de se conduire à l'égard de la mère et de l'enfant, dans les cas de rétrécissement extrême du bassin ;

Puis enfin, cette question se rattachant aux intérêts les plus élevés de la philosophie, de la religion et du droit, et laissant, quoique touchée à diverses reprises, une grande obscurité dans beaucoup d'esprits, je ne donnerai mes conclusions qu'après m'être livré, sur ce triple sujet, à quelques courtes réflexions, suffisantes, je pense, à mettre en lumière l'heureuse concordance, l'utile solidarité qui existe entre ces divers principes et nos principes scientifiques.

I. RÉCIT.

La femme Charlotte Desmit, tailleuse, âgée de dix-sept ans, menstruée depuis un an, pâle et chétive, entre à l'hôpital de Dunkerque le 10 octobre 1844, à sept heures du soir. Elle porte les traces d'un rachitisme dont elle a été affectée dans son enfance. Sa taille est de 1 mètre 12 centimètres ; elle n'a que 48 centimètres seulement de la symphyse pubienne à la plante des pieds ; les tibias sont fortement arqués en avant et les fémurs en dehors. Elle est au terme de sa grossesse, en travail depuis trois heures du matin. L'orifice est dilaté d'environ 8 centimètres, les membranes entières. Le diamètre sacro-pubien a été jugé d'environ 45 millimètres par plusieurs de mes collègues et par moi-même, qui avions décidé depuis plusieurs mois la nécessité de l'opération césarienne.

Je la pratique immédiatement en présence de mes cinq collègues. Incision sur la ligne blanche d'environ 15 centimètres, et comprenant successivement toutes les couches superposées jusqu'à l'utérus, l'utérus lui-même et les membranes de l'œuf ; extraction de l'enfant, puis du placenta ; hernie des intestins bientôt réduite ; trois points de suture entrecoupée, bandelettes agglutinatives, charpie, compresses, bandage de corps à extrémités digitées.

Le 11 au matin, pouls à 90 ; peu de lochies, point d'écoulement par la plaie. A midi, vomissements violents, douleurs abdominales ; pouls à 130. — Saignée de 700 grammes ; 40, puis 15 sangsues sur le ventre.

Le 12, amélioration. Pouls à 110, douleurs presque nulles, ventre plus affaissé ; plusieurs heures de sommeil. — Deux anses d'intestin faisant hernie à travers la plaie sont réduites ; les fils, qui n'ont évidemment servi qu'à augmenter l'inflammation, sont coupés et enlevés, et les lèvres de l'incision sont rapprochées par de larges bandelettes agglutinatives qui entourent les quatre cinquièmes antérieurs du corps.

Le 13, pouls à 100 ; nuit excellente ; plus de douleur ni de vomissements, deux selles, lochies abondantes, plaie presque sèche.

Le 14, amélioration croissante. — Deux cuillerées de bouillon toutes les deux heures.

Les 15, 16 et 17, état très-satisfaisant. — Alimentation de plus en plus grande.

Le 23, l'opérée se lève quelques heures dans un fauteuil. La plaie, dont la réunion s'opère du fond à la superficie, continue de n'être pansée qu'à l'aide des longues bandelettes agglutinatives.

Le 29, elle sort en bon état ; la plaie est presque cicatrisée.

Quelques jours plus tard, je constate chez elle une guérison complète.

L'enfant, fortement et très-régulièrement constitué, et qui prenait le sein d'une nourrice, était dans le meilleur état possible. Il à continué de vivre. A un an il était en santé et en forces au-dessus de la moyenne des enfants.

Cette même femme, qui, pendant les dix années écoulées entre cette opération et celle dont j'ai maintenant à parler, était venue de loin en loin me consulter pour tel ou tel petit dérangement de sa santé originairement délicate, mais jamais pour rien de relatif aux suites de son opération césarienne, vint, il y a six mois, me dire qu'elle se sentait enceinte de trois mois, et elle me pria instamment de la faire avorter, plusieurs personnes lui ayant dit que cela se pratiquait ainsi dans ces sortes de cas à Paris, où du reste elle était disposée à aller en cas de refus de ma part.

Je lui répondis que je n'ignorais aucun des procédés beaucoup plus faciles que l'opération césarienne, employés pour faire avorter des femmes; mais, qu'indépendamment des inconvénients plus graves qu'on ne pense pour la femme elle-même, ni moi ni personne au monde n'avions le droit de détruire son enfant qui valait tout autant qu'elle, et que ce qu'il fallait faire c'était de subir une seconde opération césarienne. J'ajoutai que celle-ci offrirait plus de chances favorables encore que la première : d'abord parce qu'elle avait un peu plus de force et de santé qu'il y a dix ans, et ensuite parce que je pourrais lui épargner une partie de ses douleurs et du danger qu'elle courait tant à l'aide du chloroforme que par la suppression des sutures qu'elle avait apprécié, comme moi, ne lui avoir fait que du mal, et dont elle gardait un effrayant souvenir.

Elle sortit de mon cabinet peu convaincue. Six semaines après, elle revenait avec sa mère toute décidée, pourvue d'une nourrice pour l'enfant, que maintenant elle paraissait heureuse de porter.

Elle entre à l'hospice le 6 juillet 1854, à neuf heures du soir, étant dans les douleurs depuis cinq heures du matin, et ayant le col de la matrice dilaté d'environ 4 centimètres, sans rupture de la poche des eaux. A dix heures, entouré de cinq de mes confrères, je procédai de la manière suivante :

Cette femme étant couchée sur un lit étroit, où j'avais placé par avance, à l'endroit qui correspondait à ses vertèbres lombaires et dernières dorsales, d'abord deux bandages de corps étroits à extrémités digitées, puis au-dessus de ceux-ci deux bandes de sparadrap-diachylon sur toile grosse et neuve, fortement agglutinatif, de 10 centimètres de largeur, assez longues pour s'entre-croiser au-devant de la plaie et coupées chacune en trois divisions dans les trois-quarts de leur étendue à partir de leurs extrémités; de copieux linges étant glissés à droite et à gauche pour préserver cet appareil et le lit lui-même sur lequel elle devait rester après l'opération, j'appliquai l'extrémité d'un ruban métrique à l'ombilic, et, le faisant dérouler jusqu'à la partie supérieure du pubis, je comptai 31 centimètres, le ventre figurant une énorme besace retombant sur les cuisses. Je ne suivis pas le précepte, qui se trouve en général, sans grande précision, dans les traités d'accouchements, d'inciser depuis 3 centimètres au-dessus du pubis jusqu'aux environs de l'ombilic, disent les uns; jusqu'à 1 centimètre au-dessous de l'ombilic, disent d'autres; jusqu'à 1 centimètre au-dessus de l'ombilic, dit Baudelocque : ce qui m'aurait mené à faire l'énorme, inutile et compromettante incision de 28 centimètres. Je mesurai et marquai à l'encre, le long de la ligne blanche, 13 centimètres seulement depuis 6 centimètres au-dessus du pubis, que j'incisai d'un seul trait de bistouri convexe, sans qu'elle ait pu jouir du bénéfice du chloroforme, qu'elle repoussa bientôt elle-même, la grande agitation la faisant mal respirer.

Le péritoine, adhérent par suite de la première opération, avait été compris dans l'incision des parois abdominales très-amincies. J'incisai aussitôt la matrice dans la même étendue; deux gros jets de sang veineux sortirent de la partie la plus superficielle de cet organe incisé, et le placenta vint aussitôt faire hernie à travers la plaie. Je me hâtai de l'écarter (il prenait précisément sa racine, son centre, au milieu de mon incision, et je m'étais aperçu, en coupant cette portion de matrice, que le bistouri droit boutonné conduit par mon indicateur gauche trouvait là plus de résistance, plus d'épaisseur, une véritable hypertrophie). J'écartai pareillement un bras de l'enfant qui se présentait, et allai chercher les pieds, par lesquels je tirai facilement une forte fille, parfaitement construite, puis le placenta lui-même, hors de la matrice.

Pendant qne nous la nettoyions pour procéder à l'application de l'appareil contentif, et que mon aide tenait bien réduites deux petites anses d'intestin qui avaient fait hernie, en pinçant de ses deux mains les deux lèvres de la plaie extérieure, cette femme, qui, il y a six mois, était venue me prier de la faire avorter, se soulevant vivement de son lit, songeant peu à elle, mais à la contrariété qu'elle avait vu que l'incision du placenta nous avait fait éprouver, s'écria avec une tendre énergie : « *Mais je n'entends pas crier mon enfant!* » En un instant, et avec la plus grande facilité, les extrémités digitées des bandes de diachylon appliquées d'abord immédiatement sur la peau, puis, en s'approchant de la plaie, sur deux fortes compresses graduées situées latéralement, furent entre-croisées au niveau de cette plaie, en laissant seulement un petit espace libre en bas. De la charpie, des compresses et les deux petits bandages unissants, médiocrement serrés, complétèrent l'appareil. Je fis placer un coussin sous ses omoplates et un autre sous son sacrum, dans la vue encore de favoriser l'action du bandage.

L'opération a été plus facile, plus courte, et beaucoup moins douloureuse que celle qu'elle avait subie il y a dix ans.

L'opérée dit souffrir très-peu ; elle vient de perdre abondamment par le vagin. Nous la quittons à dix heures et demie du soir.

Le 7 au matin, la nuit s'est passée sans sommeil, mais sans agitation ; peu de fièvre (90 pulsations), très-peu de douleurs ; écoulement peu abondant par la plaie, assez copieux, mais non hémorrhagique, par le vagin. Toute la journée se passe avec calme et quelques heures de sommeil, sans augmentation de fièvre. Aucune douleur de ventre, aucun phénomène précurseur de l'entéro-péritonite que la première fois j'avais eu à combattre dans les premières vingt-quatre heures. Elle urine naturellement, boit abondamment et avec plaisir, et réclame du bouillon que je remets au lendemain. Elle ne s'est plainte en aucun moment, ni en aucune manière, du bandage auquel nous n'eûmes pas à toucher.

Le 8, à six heures du matin, on m'envoie chercher ; elle a perdu abondamment par la plaie et par le vagin, quoique toujours sans douleurs ; le pouls est à peine sensible, l'agitation extrême. Nous enlevons avec précaution les bandages et emplâtres, et trouvons la moitié supérieure de la plaie déjà réunie et tous les viscères exactement contenus; mais en entr'ouvrant la moitié inférieure de la plaie, nous voyons sortir au dehors un fort jet de sang veineux. Nous reconnaissons là le retour de l'hémorrhagie du parenchyme utérin vue au moment de l'opération. Nous nous hâtons de remettre l'appareil, en comprimant fortement à l'intérieur par des bourdonnets de charpie; 50 centigrammes d'ergotine, toute compression d'aorte étant impossible. Elle meurt vers midi.

L'autopsie, faite quatre heures après la mort avec un de mes collègues, nous fait voir une matrice grosse comme un œuf d'autruche et presque remplie de caillots de sang, son épaisseur, d'un centimètre seulement vers sa partie inférieure, a un peu plus de trois centimètres à l'endroit de l'incision, dont la longueur est réduite de plus de moitié. Ses deux lèvres sont renversées en dehors, et l'on voit à leur surface, vers le milieu de leur épaisseur, les deux fatales ouvertures de veines variqueuses recouvertes chacune d'un petit caillot noir à l'endroit le plus hypertrophié de la matrice, et auquel avait correspondu en dedans le centre du placenta.

Le diamètre sacro-pubien n'a très-exactement que 4 centimètres, y compris l'épaisseur des parties molles, c'est-à-dire un peu moins que nous ne l'avions jugé il y a dix ans et il y a quelques mois. Cette dimension entéro-postérieure augmente très-légèrement en se dirigeant vers la cavité cotyloïde droite, mais diminue au contraire si on se dirige vers la gauche.

Les autres organes, et notamment le péritoine et les intestins, sont sains; seulement une anse du côlon est, par une forte bride, adhérente au péritoine à 2 centimètres de la ligne blanche du côté gauche.

II. SUPPRESSION DE LA GASTRORAPHIE.

Quoique cette observation se termine tristement par une autopsie, n'oublions pas cependant qu'en dehors de ce cercueil qui renferme cette femme si débile, ce bassin mathématiquement réfractaire à toute maternité, il y a un enfant plein de vie et parfaitement constitué; n'oublions pas l'observation complète à savoir : que, de quatre individus vivants qui se sont présentés au médecin, deux ont été sauvés il y a dix ans, plus un il y a quarante jours (prenant le sein d'une nourrice, il ne laisse rien à désirer); et que si le quatrième individu n'a pas été sauvé, la cause en doit être rapportée à un accident tout exceptionnel, en dehors de ce qui appartient en propre à l'opération elle-même; ne perdons pas de vue que ce résultat est encore supérieur à tout ce que la céphalotomie ou l'avortement provoqué auraient pu produire de mieux; et remarquons bien enfin ce qui ressort d'instructif et d'utile de quelques passages de ce récit :

1° *J'ai précisé et limité l'incision abdominale.* — Cette incision qui, si l'on s'en tenait à la règle généralement écrite, varierait d'une manière compromettante suivant certaines extensions démesurées du ventre, me paraît faite ordinairement dans une trop grande étendue (1). 13 centimètres m'ont parfaitement suffi, bien que l'enfant fût d'une grosseur au-dessus de la moyenne et que la présentation du placenta et du bras eût été gênante : cette modification ne me paraît pas sans importance, maintenant surtout qu'il s'agit de supprimer les sutures (2).

2° *J'ai supprimé les points de suture.* — Ayant remarqué, lors de ma première opération, la parfaite inutilité, l'excessive douleur et le danger de mes sutures, faites cependant, suivant le conseil de Baudelocque, sans intéresser le péritoine; ayant vu l'inflammation qu'elles avaient produite persister pendant deux jours et cesser aussitôt après leur enlèvement, je me promis bien de n'en plus mettre si j'avais encore à faire pareille opération, ou toute autre du même genre, et j'exprimai avec as-

(1) Dans toutes les relations que j'ai lues, j'ai remarqué qu'on prenait généralement 18 centimètres. C'est évidemment trop.

(2) Il est de précepte en Angleterre de placer des points de suture à 3 centimètres d'intervalle, et même d'en poser d'intermédiaires pour peu qu'il y ait du vide. En voyant faire de pareilles sutures à des plaies étendues de 20 à 25 centimètres quelquefois, chez des femmes qui, alors, ont tant besoin d'être ménagées, qu'on songe à la longueur et à l'intensité de la douleur qu'on produit, de la douleur, mère de l'inflammation, et *qui tue comme l'hémorrhagie,* a dit Dupuytren ! N'est-ce pas là une des causes qui rembrunissent tant les statistiques anglaises ? Je dis une des causes, car il en est une autre plus puissante encore, ainsi que je l'indiquerai plus bas.

surance cette idée dans l'observation que je rédigeai alors. M. le professeur Stoltz, en la commentant longuement et judicieusement, et tout en adoptant pleinement les réflexions dont je la faisais suivre, ajoutait qu'il différait avec moi sur le seul point de la suppression des sutures qu'il considérait, lui, comme nécessaires.

Malgré cette imposante autorité, et quoique je n'eusse jamais lu ou entendu d're qu'aucune opération césarienne, ancienne ou récente, en quelque pays que ce soit, eût été faite sans sutures, j'osai n'en pas faire; et je me permis cette innovation avec une conviction d'autant plus forte que l'appareil imaginé par moi me paraissait offrir toute garantie, et que cette simplification me semblait être d'une importance capitale attendu que, sur cent vingt-trois opérées, il en meurt soixante-dix-sept par l'inflammation abdominale (1) si clairement provoquée ou augmentée par les sutures.

Ma conviction fut augmentée encore quand je me rappelai les cas nombreux où les sutures sont recommandées et que j'avais amenés à guérison sans elles (2), et d'autres cas non moins nombreux où celles que j'avais mises n'avaient fait évidemment que du mal; quand je me rappelai et l'opinion de Sabatier et les intéressants mémoires de Louis et de Pibrac, de ce dernier surtout, qui cite trois opérations césariennes guéries malgré des sutures dont l'inutilité avait été évidente.

Enfin, je me confirmai dans la pensée de supprimer toute suture en réfléchissant bien sur le principe fondamental de toute

(1) Statistique de Keyser.

(2) Je puis citer, comme un des cas qui mettent cette inutilité des sutures le plus en évidence, le fait d'un commis négociant qui, il y a vingt-deux ans, dans un accès de *delirium tremens*, s'était ouvert, d'un double coup de rasoir toutes les parties antérieures et latérales du cou entre l'os hyoïde et le cartilage thyroïde, jusques et comprise la moitié antérieure de l'œsophage, et qui guérit sous la seule influence des agglutinatifs et des bandages. Une cicatrice solide ne tarda pas à remplacer la large caverne béante par laquelle s'écoulaient tous les liquides, sauf ceux que j'introduisais à l'aide de la sonde œsophagienne. Et on ne voit plus, aujourd'hui encore, qu'une trace linéaire sans aucune gêne de déglutition ou des mouvements du cou.

réunion de plaie, qui fait consister tout l'art dans la mise en contiguïté des deux lèvres de la division pour permettre au *travail vital* l'épanchement de la lymphe coagulable nécessaire à l'agglutination des parois opposées, et qui établit que l'action rétractive des parties en dehors de la plaie doit être d'autant plus puissante contre les moyens employés pour la réunion, que les piqûres et corps étrangers autour des bords seront plus multipliés.

Ou je m'abuse étrangement, ou ce procédé rationnel, simple, facile, qui a porté une entière conviction dans l'esprit de chacun de mes collègues, et qui s'applique à tous les cas non-seulement d'opération césarienne, mais encore de gastrotomie pour extraire l'enfant après une rupture de matrice ou à l'occasion d'une grossesse extra-utérine, et aussi aux éventrations par armes ou autres corps tranchants, sera essayé, continué, et prendra dans la science une place modeste, mais sûre. Et j'insiste sur ce point, d'abord parce qu'il rentre dans le bel aphorisme d'Hippocrate : *Divinum est opus sedare dolorem*; et ensuite, et surtout, parce qu'il tend, en augmentant les chances de succès de l'opération césarienne, à saper par sa base la doctrine de l'infanticide ou du fœticide médical qui n'aurait sa raison d'être, je me trompe, son prétexte, que dans l'exagération des dangers par laquelle on paraîtrait vouloir ruiner la précieuse ressource de cette opération.

Or, si ce récit montre que, malgré tout le perfectionnement que je mets en avant, mon opérée est morte au bout de quarante heures, il ne serait pas juste de ne pas remarquer, d'une part, que ce temps a suffi pour faire constater, pendant sa vie et au moment de l'autopsie, la réussite parfaite de l'appareil contentif, qui, du reste, lors de la première opération avait déjà réussi tout imparfait qu'il était, et, de l'autre, qu'elle avait déjà visiblement échappé à presque toutes les causes de mort qui surgissent à la suite de ces opérations, et que, sans cette circonstance si exceptionnelle (1) de l'insertion de la racine du

(1) Dans la statistique Keyser, sur cent vingt-trois cas, la mort n'est arrivée que dix fois par épanchement de sang. Et encore ne faut-

placenta au milieu de la courte incision que j'ai dû faire sur une portion variqueuse et hypertrophiée de matrice, notre femme, toute chétive qu'elle était, nous apparaissait à tous en voie de guérison bien plus certaine et plus rapide encore que la première fois.

3° A cause de cette fâcheuse circonstance d'implantation du centre du placenta sur la portion de matrice anciennement incisée, et peut-être, par suite, un peu hypertrophiée pathologiquement en cet endroit en même temps que physiologiquement, à cause aussi de l'anse intestinale que l'autopsie m'a fait voir adhérente par une large base près de ma nouvelle incision tégumentaire, *ne serait-il pas prudent* (j'incline à cela), *en cas d'opération césarienne déjà faite sur la ligne blanche, d'opérer pour la seconde fois sur le côté*? Et n'aurais-je pas fait là une faute, qui porterait avec elle son instruction?

4° Enfin, pour dernière réflexion ressortant de ce récit (puisque nous savons que, très-souvent, un cas malheureux, qu'on retourne en tout sens et dont on analyse sévèrement tous les détails, jette plus de lumière que le plus éclatant succès), *ne pourrions-nous pas*, avant de porter l'instrument tranchant sur la femme, *arriver à savoir ou à présumer*, soit par le toucher ou palper, soit par l'auscultation ou autrement, *le lieu précis ou approximatif qu'occupe le placenta*? Nous aurions intérêt à nous en écarter sans diminuer pour cela nos chances de succès. Car ici, quoique la statistique Keyser dise que, sur 147 cas d'incision sur la ligne blanche, la mortalité à été de 0,56, et que, sur 56 cas d'incision sur le côté, la mortalité a été de 0,68, je crois qu'on est généralement, et avec raison, d'accord à regarder le lieu d'élection comme n'ayant qu'une importance très-secondaire.

III. DES DIVERSES MANIÈRES D'AGIR DANS LES CAS DE RÉTRÉCISSEMENT EXTRÊME DU BASSIN.

En face d'un cas de rétrécissement extrême du bassin, dont

il pas extraire de ces dix cas certaines hémorrhagies provenant sans doute d'artères épigastriques ou autres qu'il ne distingue et ne signale pas?

je poserai plus bas les conditions et les limites, que cette étroitesse tienne au rachitisme ou à l'ostéomalaxie, ou à une obstruction, l'un des quatre partis suivants est à prendre : céphalotomie, accouchement prématuré artificiel, avortement provoqué, opération césarienne; car je ne parle pas d'une cinquième méthode justement abandonnée, et basée sur cette illusion qu'à l'aide de la diète et des saignées on rendrait possible un accouchement naturel, impossible autrement.

Passons rapidement en revue les points saillants de ces quatre procédés :

A. — L'expérience, comme le raisonnement, prouve que la *céphalotomie* ou *embryotomie*, qu'on peut et doit employer quelquefois sur l'enfant mort, est, dans ces cas de rétrécissement, tellement dangereuse pour la mère qu'on prescrit généralement l'opération césarienne lorsque le diamètre sacro-pubien n'a pas plus de 6 centimètres et lors même qu'on sait qu'on n'aura qu'un cadavre à présenter à la mère. Mais lorsque l'enfant est vivant, et quand bien même le diamètre s'élèverait à 67 millimètres, jamais on ne devrait imiter ce qu'on fait en Angleterre et dans le Nord, et ce que tendent à propager les traités d'accouchement depuis peu publiés en France, c'est-à-dire le sacrifier, en pure perte, par une opération tout aussi redoutable pour la mère que l'opération césarienne elle-même (1).

Dans l'observation ci-dessus, la céphalotomie eût donc été doublement contre-indiquée.

B. — *L'accouchement prématuré artificiel* qui, vers le milieu du siècle dernier, a pris naissance et consistance en Angleterre et a été adopté en partie en Allemagne, puis en France, quand on ne le provoque qu'à partir du huitième mois, et dans la vue possible de conserver les deux individus, constitue assurément une doctrine acceptable; et Baudelocque et Capuron me paraissent avoir été trop loin en la condamnant au point de vue moral; mais, au point de vue purement médical, si on considère

(1) C'est aussi l'opinion qu'exprime nettement le professeur de Strasbourg, M. Stoltz, en commentant ma première observation. *Gazette médicale de Strasbourg*, 1845, p. 65.

qu'il ne peut trouver son application que dans l'étroite et délicate limite que présente le diamètre sacro-pubien entre 67 millimètres au moins et 9 centimètres au plus; si on réfléchit à la difficulté, pour ne rien dire de plus, d'acquérir le rapport exact de ce diamètre avec le diamètre incommensurable de la tête de l'enfant dans la matrice, pour qu'à une époque choisie, souvent incertaine, la filière osseuse soit heureusement traversée; si bien des cas récents et l'observation de Mme Boivin et autres auteurs, prouvent qu'en Allemagne et autres pays on a très-souvent provoqué l'accouchement prématuré sans nécessité; si on tient compte du danger soit actuel, soit éloigné que doivent courir toujours, et la mère par suite d'un travail mécanique brusquement substitué à celui de la nature, et l'enfant qui viendra à peine viable dans de pareilles circonstances; si l'on fait *à priori* toutes ces réflexions (et on doit les faire), on arrivera à peu près, ce me semble, à prévoir avec Capuron que l'accouchement prématuré artificiel est « *le moyen le plus capable de faire illusion, même aux médecins, et constitue une ressource incertaine et peu conforme aux principes de l'art* » et à le rejeter avec Gardien, Baudelocque et bien des praticiens distingués parfaitement au courant cependant des nouveaux et intelligents efforts qu'on a faits : tels que sondes variées, éponges préparées, douches froides vaginales, seigle ergoté, etc., moyens employés isolément, mais le plus souvent combinés.

Et, en effet, si on s'attache d'un autre côté aux faits, rien ne me semble moins concluant et moins bien établi que toutes les observations de succès par accouchement prématuré artificiel que je lis avec soin depuis longtemps, que toutes les statistiques qui groupent en chiffres inflexibles ce genre de faits, plus élastiques et plus complexes cependant qu'aucun autre genre de faits médicaux; ainsi, surtout dans tous ces chiffres qu'offrent les statistiques les plus nombreuses, anglaises et allemandes, on voit, il est vrai, plus d'un tiers des enfants vivants et assez peu de femmes mourir de suite; mais nulle part on ne dit, et on ne peut dire, de quelle espèce de vie jouit cet enfant tout vivant qu'il arrive, de quelle espèce de santé et de fécondité jouira cette femme ainsi violentée. Et n'est-ce pas ici surtout qu'on peut adresser aux statistiques le reproche de ne pas dire tous les cas malheureux, ici où, en supposant même que jamais rien de coupable n'ait lieu, les choses n'ont ni l'éclat, ni le retentissement d'une grande opération qui exige le concours de plusieurs.

Sans rejeter donc d'une manière absolue cette doctrine, dans tel cas rare et très-difficile à déterminer, je la crois cependant inférieure, pour les résultats définitifs, à l'opération césarienne. Elle a d'ailleurs encore cet autre grave inconvénient d'avoir peu à peu, sans doute par suite de ces tristes ou équivoques résultats, mis sur la voie d'une autre doctrine plus claire, plus commode, plus facile, plus sûre, et même plus rationnelle, dès le moment que le médecin se croit le droit de se poser et constituer comme juge et arbitre de deux existences qu'il a dans sa main et d'en sacrifier une, à son choix, en vue d'un danger éloigné et non certain que court l'autre.

C. — Or, cette doctrine, *l'avortement provoqué*, applicable seulement, dit-on, dans des cas de diamètre sacro-pubien au-dessous de 6 centimètres, venue encore d'Angleterre, où, avec un extrême sans-façon, le médecin prend le droit de céphalotomiser ou de détruire par l'avortement l'enfant aussitôt qu'il juge ou prévoit qu'il compromet ou compromettra tant soit peu la mère ; acceptée partiellement en Allemagne, puis aussi en France, comme le témoignent les écrits, les paroles et la pratique de plusieurs de nos notabilités obstétricales, cette doctrine (dont je ne dirai ici qu'un mot, ayant plus bas à la repousser par quelques raisons d'un autre ordre) sera toujours, à mon avis, non pas un droit et un devoir au point de vue médical, comme on le prétend, mais bien l'opposé de tout devoir et de tout droit, tant qu'une seule chance existe de sauver les deux individus. Car l'art du médecin aura toujours pour *principes :* d'être essentiellement *conservateur*, et de *faire tout le bien et d'éviter tout le mal qu'on peut*. N'est-ce pas le cas de remarquer ici, avec Galien, que ce grand principe du *primo non nocere* d'Hippocrate, qui semble d'abord indigne de ce grand homme, paraît au contraire renfermer un profond sens pratique à mesure qu'on réfléchit et qu'on acquiert de l'expérience? N'est-ce pas le cas aussi de se rappeler l'admirable opuscule, intitulé *le Serment*, qu'on trouve dans les œuvres du *divin vieillard*, et qui apprend que les médecins d'alors s'engageaient par serment à ne pas faire avorter les femmes.

A Dieu ne plaise qu'on puisse croire que je ne reconnaisse pas pleinement les intentions toujours les plus loyales et les plus pures de ceux qui ont écrit ou agi autrement et dont j'honore plusieurs plus que personne au monde. Mais plus j'ai approfondi cette question et l'ai examinée sous toutes ses faces, plus il m'a paru que cette simple déviation de principes tendrait vite à abaisser le caractère médical, qui a toujours à rester élevé en dehors de toute considération de choix ou de préférence dans ces graves questions de vie ou de mort, et surtout quand le terrrible dilemme est loin d'être exactement posé.

Et cette assimilation qu'on cherche à établir entre ce médecin qui, dans les derniers temps d'une grossesse, court accomplir son devoir en précipitant l'accouchement lorsqu'une violente hémorrhagie ou des convulsions réitérées, ou même, je l'admets encore, des vomissements incoërcibles menacent immédiatement la vie des deux êtres, et cet autre médecin qui, froidement et sûrement, détruit une existence en vue du danger éloigné et nullement certain d'un seul être, cette assimilation ne sera jamais vraie, parce qu'elle confond deux choses essentiellement distinctes.

Enfin est-il besoin d'ajouter que quant au résultat matériel de tout avortement provoqué, même *couronné du plus entier succès* (c'est l'expression qu'on lit dans plusieurs relations !) il est loin d'être brillant, puisque des deux individus l'un est clairement sacrifié, et l'autre, en supposant même qu'il échappe à une hémorrhagie dangereuse ou à une métro-péritonite mortelle, aura souvent, quoi qu'on en dise, la santé profondément altérée.

D. — *Opération césarienne.* — On a évidemment exagéré beaucoup depuis quelques années les dangers de cette opération; et il est remarquable que cette exagération et le rembrunissement des statistiques se montrent précisément dans les endroits où les diverses pratiques d'accouchement provoqué ont pris leur origine et leur plus grand développement. Ces statistiques, qui avaient généralement indiqué un peu plus d'un succès sur trois femmes opérées (47 sur 111, Baudelocque, depuis le milieu du siècle dernier, et il ne parlait pas des enfants qu'on reconnaissait alors, avec raison, avoir toutes les bonnes chances possibles) n'en présentent plus guère qu'un sur quatre maintenant (30 contre 70, Keyser; et il ajoute qu'un tiers et même la moitié des enfants sont retirés morts, suivant le moment de l'opération). On nous en présente encore deux nouvelles, de MM. Nimmo et Goodman qui, l'un sur 43 cas d'opération césarienne, l'autre sur 37, établissent tout juste, par un simple tableau, une femme sauvée sur 8, et la moitié des enfants morts. On a même produit des chiffres encore plus sombres, et les mots de *presque nécessairement mortelle*, sont souvent appliqués à l'opération césarienne.

Là n'est assurément pas la vérité; et tout cela ne tendrait-il pas à détruire toute foi dans les statistiques, qui cependant peuvent rendre quelques services à la médecine, et faire croire qu'on les fait plier quelquefois à ses idées ou systèmes préconçus, par des observations morcelées ou des textes tronqués plutôt propres à obscurcir et égarer le jugement médical qu'à l'éclairer et affermir?

Ainsi, en regard de ces dernières statistiques si effrayantes et des quelques cas suivis tous de mort, il est vrai, à Paris, depuis cinquante ans, l'on doit placer la première que j'ai citée, dressée en dehors de tout esprit polémique, et celle toute récente du docteur Chrestien, professeur agrégé à Montpellier, qui, de 1839 à 1848, a recueilli, d'une manière bien circonstanciée, 31 cas dont 24 succès pour la mère. L'objection qu'on pourrait faire que des cas d'insuccès lui ont peut-être été inconnus s'appliquerait avec au moins autant d'à-propos à toutes les autres opérations. Et qu'on n'insinue pas que ces succès sont, *pour la plupart, obtenus dans de petites localités, à la campagne, par des praticiens éloignés des grandes villes.* (P. Dubois, discours en mars 1852, à l'Académie de Médecine.) Non ; sauf un cas ou deux, tous ces succès, constatés avec détail, ont été obtenus dans des villes moyennes ou grandes, par des médecins renommés, et avec des circonstances qui ne peuvent laisser planer aucun doute (1). Si l'on insiste et qu'on s'étonne, qu'on dise tout simplement ce que Rousset disait avec beaucoup de sens et d'esprit d'un fait d'opération césarienne pratiquée avec succès en 1582 par un chirurgien de village un peu ivre : « Hæc fæmina secta fecit a Joanne Luca tunc parum sobrio ; cui tunc tam beni poto si hoc non mali successit, quid ei non est sperandum qui sobrius et mentis compos, arte duce, eo accedet ? »

L'on doit ajouter que les résultats des médecins anglais, et généralement de ceux qui adoptent la même théorie qu'eux relativement au respect de l'enfant, n'ont que bien peu de valeur et de portée, relativement à l'appréciation à faire de l'opération césarienne ; puisqu'ils ne sont amenés, en bonne logique, à ne la pratiquer, que quand toutes les autres manœuvres sur la femme et sur l'enfant ont complétement échoué et lui ont enlevé toute bonne condition. Et en effet, les docteurs Hull et Burns avaient déjà depuis longtemps attribué les fâcheux résultats de l'opération césarienne en Angleterre à ce *qu'on ne la pratique*, disent-ils, *que dans des cas désespérés.*

Quant aux tristes résultats qu'on étale relativement aux enfants, rien n'est plus puéril assurément ; le plus simple bon sens, supérieur à toutes les statistiques, ne dit-il pas que l'enfant court ici le moins de danger possible, n'ayant aucune filière osseuse à traverser. Par l'opération, évidemment, le plus maladroit teneur de bistouri présentera un enfant vivant avec plus de certitude que le plus habile accoucheur dans l'acouchement

(1) L'une d'elles a été pratiquée avec succès par le très-regrettable docteur Lestiboudois, le plus répandu des médecins et accoucheurs de Lille. Toutes les autres ont été faites à Toulon, Strasbourg, 2 fois, Lyon, Nuremberg, Cassel... Et plusieurs fois le succès a eu lieu malgré une rupture de matrice chez l'une, des efforts de version pendant 72 heures chez une autre, etc...

le plus facile, pourvu, bien entendu, que des manœuvres préalables n'aient pas compromis ou détruit son existence. Et c'est en effet ce qui fit extasier notre vieille infirmière à la vue des deux belles *têtes rondes* que je lui présentai lors de chacune de mes deux opérations césariennes. Et n'oublions pas que c'est d'une femme, type de rachitisme (4 centimètres de diamètre sacro-pubien), d'une femme à constitution hautement chétive et délabrée qu'ont été extraits ces deux enfants !

Enfin, pour ce qui est des insuccès de Paris, malgré la haute habileté qui y existe et devant laquelle nous nous inclinons, nous faisant un devoir de nous étudier à l'imiter, peut-elle ne pas s'expliquer, un peu, par l'emploi préalable de ces manœuvres longues et extrêmes qu'explique peut-être une confiance trop peu grande dans l'opération césarienne; un peu, par un hasard quelquefois bizarre, et, surtout, par l'insalubrité notoire de ses hôpitaux, sans qu'il faille pour cela poser pour Paris une thérapeutique différente de celle des départements (1), relativement à la femme qui, anatomiquement, ne varie pas; sans qu'il faille désespérer de nombreux succès ulté-

(1) Je vois plusieurs de nos praticiens les plus judicieux de notre département gémir souvent, comme moi, à la lecture de faits et commentaires qui établissent de temps en temps la doctrine de l'infanticide ou de fœticide sur la ruine de l'opération césarienne. Ainsi, pour n'en citer qu'un exemple des plus récents, on lit : *Gazette des hôpitaux*, 13 avril 1854 : *Hôpital des cliniques. — Viciation du bassin... — Embryotomie. — L'opération césarienne qui est bannie à juste titre des hôpitaux de Paris... La plupart des praticiens, et entre autres MM. P. Dubois et Velpeau, admettent que le salut de la mère doit passer avant le salut de l'enfant,... préfèrent l'embryotomie à l'opération césarienne.* — Suit le fait de la femme Brunswick. — Peu après avoir constaté *l'audition parfaite des pulsations doubles, on fait une perforation au crâne...* puis *céphalotribe; extraction très-difficile d'un enfant bien conformé et à terme. Cerveau entièrement vidé; œil sorti de l'orbite; femme très-faible; mort quinze heures après. — Autopsie*; 2 *pouces et demi* (67 *millimètres*) *du diamètre sacro-pubien.*

De tels faits et commentaires, publiés sous le patronage des plus hauts noms, peuvent-ils produire autre chose que de funestes résultats sur une foule de praticiens qui n'ont déjà que trop de propension souvent à s'en tirer de leurs accouchements difficiles sans varier leurs

rieurs, lorsqu'on se rappelle les succès multipliés à l'Hôtel-Dieu signalés par Ténon, à une époque où cette capitale était encore plus insalubre, et lorsqu'on voit les progrès qu'on fait tous les jours dans cette voie d'assainissement.

Maintenant, laissant là pour un moment les *faits purs* qui, tout en étant condition et condition indispensable de science, ne sont cependant pas toute notre science ; abandonnant cette

moyens suivant la vie ou la mort de l'enfant? Et, habitués comme nous à puiser avidement à cette source si féconde et si autorisée des hôpitaux de Paris, ils auront toujours un mal infini à comprendre cette raison toute nouvelle, que les principes et prescriptions de la médecine doivent varier selon les localités grandes, moyennes ou petites ; et qu'un moyen thérapeutique *banni à juste titre des hôpitaux de Paris*, soit et reste une bonne chose.

Depuis la présentation de mon Mémoire à l'Académie de médecine, deux cas de céphalotripsie sur des enfants vivants se lisent encore dans la *Gazette des Hôpitaux* des 9 et 16 décembre 1854, pratiqués à peu de jours d'intervalle par M. P. Dubois et son chef de clinique, M. Campbell. Sur ce deuxième cas, aucun détail : on ne dit même pas ce qu'est devenue la mère! Quant au premier, en voici le rapide résumé : « M. le professeur Dubois constate que le bassin était déformé; son diamètre sacro-pubien offrait environ 8 centimètres... Un nouvel examen fit reconnaître que la tête était légèrement engagée dans le détroit supérieur. M. Dubois tenta une application de forceps; mais cette opération ayant échoué, et certain alors que la disproportion entre le volume de la tête et le diamètre du bassin était trop considérable pour que les difficultés du passage pussent être surmontées, il se décida à pratiquer le céphalotribe... et tout faisait espérer un prompt et complet rétablissement au moment où nous avons vu l'accouchée pour la dernière fois, plusieurs jours après l'opération... Une dernière question se présente ici : Pourquoi avoir fait choix dans cette circonstance d'une opération qui sacrifie l'enfant? Pourquoi n'a-t-on pas préféré l'opération césarienne? — C'est ce que M. P. Dubois se propose d'examiner et de discuter incessamment. »

Et c'est ce que les lecteurs de la *Gazette des hôpitaux* n'ont pas encore lu aujourd'hui 2 février 1855. Quel peu de souci, quel sans-façon pour l'être humain vivant! Quelles observations vagues et tronquées! Quelle éducation médicale pour toute cette jeune génération de médecins qui ne savent pas bien que cette nouvelle doctrine anglaise s'élève sur les ruines de la doctrine constante de l'ancienne Faculté de Paris, ou qui n'ont pas suffisamment réfléchi sur ce grave problème que, d'accord avec une saine médecine, résolvent d'une manière tout opposée les données les plus élémentaires de la simple philosophie spiritualiste, du christianisme et du droit!

question statistique, qui, trop souvent dépourvue d'une appréciation d'ensemble et de détails, tend à donner aux choses des dimensions factices en grossissant ce qui plaît et rendant imperceptible ce qui gêne ; et mettant en action notre plus belle prérogative, je veux dire notre raisonnement *à priori*, d'où découle la puissance d'intuition philosophique, le tact ; il me semble d'abord que l'on devrait oser, plus que jamais, pratiquer l'opération césarienne, vu la précision de plus en plus grande et les progrès de nos procédés chirurgicaux ; vu la ressource actuelle du chloroforme qui enchaîne si souvent et la douleur, et la terreur morale, et la fièvre traumatique : vu aussi, je ne crains pas de le dire, le perfectionnement important que je crois apporter par la suppression de la gastroraphie ; bien loin qu'on doive repousser un procédé sanctionné par l'expérience des siècles pour se réfugier tristement dans l'infanticide ou dans les innovations d'une scientifique fœticide.

En réfléchissant bien ensuite sur cette question, on verra que l'horreur bien naturelle de l'instrument tranchant a donné, dans le monde et même dans le monde médical, une fausse couleur à l'opération césarienne, en ce qu'on n'a pas dégagé assez attentivement les résultats de cette opération faite dans de mauvaises conditions et qui ne lui appartiennent pas en propre, d'avec ceux obtenus dans des circonstances opposées ; ce serait là aussi mal raisonner que si l'on rejetait l'opération des tumeurs adénoïdes du sein ou des hernies étranglées à cause des résultats funestes qui arrivent à la suite des opérations faites après la dégénérescence encéphaloïde de celles-là ou gangréneuses de celles-ci. Ne peut-on pas la comparer presque exactement aux éventrations et aux opérations de hernie simple, sans lésion notable de nerfs ou d'artères ; puisque nous savons très-bien, par les hystérotomies vaginales ou abdominales, que la plaie de la très-peu sensible matrice se rapetisse vite et n'a par elle-même que peu d'importance ? Pourquoi donc, nous qui nous attachons et parvenons tous les jours à vaincre, par nos paroles et notre tactique, cette inintelligente horreur de l'instrument dans ces cas et dans d'autres, pourquoi perdrions-nous toute notre action en face de la seule opération précisément qui ne diffère de toutes les autres que par l'inappréciable avantage de réjouir toute une famille et le médecin lui-même par la vue de deux individus sauvés au lieu d'un? Je dis, le médecin lui-même, car aucun ne me contredira quand je dis qu'il n'a, sans gémir, céphalotomisé un enfant vivant, ou vu le *succès*, même le plus *complet*, de son procédé d'avortement médical. Un sentiment intérieur doit, en effet, ce me semble, avertir que cet avortement n'est pas une opération comme une autre.

Mais est-ce à dire pour cela qu'il faille considérer l'opération césarienne comme peu importante et la pratiquer à la légère sans des indications bien précises? Non certainement, et voici en peu de mots comme je les conçois, les conditions voulues, sur lesquelles on est du reste à peu près généralement d'accord, mais sur l'application desquelles on ne saurait trop appuyer.

1° Attendre que le travail soit assez avancé et le col utérin assez dilaté pour que les lochies s'écoulent facilement après l'opération; mais cependant se hâter d'opérer avant que la femme soit épuisée par les douleurs, et, autant que possible aussi, avant que la poche des eaux soit rompue. Bien que cette dernière circonstance ne me semble pas de première utilité, on ne peut se dissimuler cependant que, par suite de cette rupture, il faudra inciser dans une étendue un peu plus grande la matrice qui s'appliquera alors plus intimement sur l'enfant, lequel ne sera extrait qu'en froissant et fatiguant davantage cet organe.

2° Opérer chaque fois que le diamètre sacro-pubien n'a que 6 centimètres ou moins; que l'enfant soit vivant ou mort et quel que soit l'état de la mère.

3° Si ce diamètre a de 6 centimètres à 67 millimètres, il faut encore opérer si l'enfant est vivant, et, s'il est mort, choisir entre l'opération césarienne et l'embryotomie, laquelle sera quelquefois difficile et plus redoutable encore pour la mère.

4° Enfin il peut arriver qu'on soit encore forcé d'opérer quand il y aurait 70 millimètres (2 pouces 3/4) au plus petit passage, si le forceps, la version ou la symphysiotomie avaient été jugés inutiles ou vainement tentés.

Je ne puis m'empêcher, en terminant cette partie principale de cette étude, de témoigner la conviction où je suis, et qui n'a fait que grandir par ma dernière opération dont l'issue nous paraissait bien évidemment à tous devoir être heureuse et facile sans la circonstance accidentelle et très-exceptionnelle qui a déterminé la mort de la mère, de témoigner, dis-je, la conviction que, faite de plus en plus dans ces conditions et avec ces modifications, l'opération césarienne offrira des succès de plus en plus nombreux ; qu'on sentira que le progrès de l'art est bien moins dans le perfectionnement de procédés qui violentent la matrice et l'organisme de la femme pour l'expulsion contre-nature d'un fœtus difficilement viable, bien moins encore dans l'imitation de procédés ingénieusement et savamment mortels, que dans le perfectionnement soit de cette opération césarienne, comme je crois en avoir apporté un, soit de la symphysiotomie elle-même qui, comme l'observe judicieusement le très-habile docteur Murville (1) n'a eu peut-être jusqu'à présent si peu de succès que parce qu'on a toujours divisé largement les téguments et tissus sous-cutanés, de manière à permettre à l'air d'entrer librement dans l'intérieur des parties divisées. — Et qu'on ne considère pas ces perfectionnements, actuels et éventuels, dont je parle, comme peu importants et mal établis, parce que, basés jusqu'ici sur des faits peu nombreux, ils ne prennent leur principal point d'appui que sur des preuves théoriques : l'histoire de la médecine ne nous montre-t-elle pas que la théorie nous mène le plus souvent sans que nous nous en apercevions, et seule, met les faits en lumière? Ne nous montre-t-elle pas aussi que, bien souvent, un seul fait, soigneusement observé, exposé avec

(1) *Mémoire sur la luxation des os du bassin*, par M. Murville, chirurgien en chef et premier professeur à l'hôpital militaire de Lille, 1849. Extrait du tome XIV des *Mémoires de l'Académie de médecine*, où, à l'occasion d'une guérison très-remarquable d'une large disjonction inter-pubienne, il est amené à pratiquer sur plusieurs cadavres la *symphysiotomie sous-cutanée*, qu'une saine théorie pourrait engager à étudier et appliquer à la dystocie.

droiture, commenté avec indépendance; qu'un simple aperçu théorique même, pourvu qu'il repose sur la forte base d'une vraie doctrine vitaliste, a laissé dans la science une trace plus profonde et plus durable que certaines masses de faits pompeusement superposés; que les quarant-cinq ou quarante-huit faits de combustion humaine spontanée, par exemple; que tous les faits de transfusion de sang; et, bien probablement aussi, que toutes les centaines de faits d'accouchement prématuré artificiel, heureux, dit-on, pour la mère et pour l'enfant; que toutes les autres centaines de faits de guérison par le redressement intra-utérin, faits qui, malgré les efforts généreux et les intentions parfaitement louables, n'ont servi et ne serviront apparemment qu'à encombrer stérilement notre science : par la simple et éternelle raison qu'ils sont en complet désaccord avec *les lois et forces vitales* qui régissent notre économie humaine?

D'après tout ce que j'ai dit jusqu'à présent, je pourrais déjà déduire mes conclusions et clore ce travail, et tel était d'abord mon plan; mais, comme l'une de mes principales conclusions doit être la prééminence de l'opération césarienne sur les autres méthodes; comme cette question présente véritablement un côté philosophique, religieux et légal sous lequel elle a été à bon droit examinée; en voyant d'ailleurs les opinions hasardées et erronées qui ont été récemment et très-consciencieusement exprimées, appuyées, publiées par des médecins haut placés, et acceptées légèrement par une foule de médecins de nos départements, malgré toutefois la réserve de l'Académie, malgré surtout les savantes et judicieuses raisons de M. Bégin, qui n'a pas conservé toute sa fermeté dans ses conclusions; en entrevoyant combien facilement et dangereusement ces idées peuvent se répandre maintenant que nos jeunes médecins, par le nouveau plan d'études, vont être élevés dans un abandon plus grand des *Humaniores litteræ* et des études philosophiques, toujours regardées auparavant comme le préliminaire indispensable de toute bonne éducation médicale; tout en reconnaissant assurément mon incompétence à scruter à fond ce grave problème; cependant, lorsque je vois les esprits, mêmes les plus sages, croire qu'il faut en abandonner la solution aux lumières et à la conscience de chaque accoucheur, je n'ai pas cru pouvoir me dispenser d'y réfléchir profondément, et de jeter à la fin de cette étude quelques idées qui la complètent et impriment à ses conclusions plus de netteté, d'ampleur et de force.

IV. QUELQUES RÉFLEXIONS SE LIANT INTIMEMENT A LA QUESTION OBSTÉTRICALE.

A. — *Philosophie.* — J'admets d'abord que le médecin qui, plus qu'aucun autre savant, a dû étudier *l'homme tout entier*, ne connaît pas d'autre philosophie que la *philosophie spiritualiste* : monument éternel, salué de siècle en siècle, depuis Socrate et Platon, par tous les plus beaux génies de l'humanité.

Cette philosophie assied la morale sur l'idée essentielle du *juste*, mise en nos cœurs par Dieu, source de toute *justice*, vers laquelle nous remontons comme l'effet vers sa cause.

Interrogée par nous, elle nous dira : que notre premier devoir envers nos semblables est la justice et le respect de la personne dans tout ce qui la constitue, depuis ses premières lueurs (car ce fœtus, jouissant, si petit qu'il soit, d'une vie propre, complète, égale à la nôtre (1), quoique soumise à des lois d'existences différentes, sera un être intelligent et libre) jusqu'à son entière décrépitude (car ce viellard, paralytique ou fou, a été un être intelligent et libre). Et elle ajoutera que *ce devoir est ici précis, absolu et inflexible, sans aucune acception de la circonstance, du temps, du lieu, de la personne* (2) ; qu'il diffère en cela de notre second devoir envers nos semblables : la charité, si belle parce qu'elle est libre.

(1) Tous les philosophes et physiologistes sont maintenant d'accord, — et la loi le sanctionne par son art. 317, — que le principe qui constitue la nature spirituelle du fœtus s'unit à son corps au moment de la conception. Et M. Cazeaux lui-même établit « qu'il est impossible d'admettre aucune différence entre l'enfant qui vient de naître et celui qui est encore renfermé dans le sein maternel ; qu'en conséquence, pratiqué sans nécessité absolue, le fœticide est aussi coupable que l'homicide. »

(2) Cousin. *Du vrai, du beau et du bien*, 1854.

Elle nous dira de plus que ce devoir est un de ceux qui dominent notre intérêt, privé ou général, bien entendu ou non, lequel ruinerait souvent ce principe de justice; un de ceux qui dominent même notre sentiment, vague et capricieux qu'il est quelquefois; un de ceux qui s'élèvent au-dessus de la mobilité de l'opinion ou de la volonté générale ou particulière; *un de ceux qui sont antérieurs ou supérieurs à tous contrats ou conventions, lesquels ne font que les prendre pour principe et pour règle; d'où il suit, comme le dit Bossuet, qu'il n'y a pas de droit contre le droit, contre la loi des lois, la loi qui réclame sans cesse, la loi naturelle.*

Cette justice, ce respect sera toujours un fondement de toute société humaine, parce qu'il repose sur un principe universel, sur la nature immuable de l'homme et non sur une hypothèse arbitraire (1).

De ceci il résulte que la loi naturelle nous interdit d'attenter à la vie d'un de nos semblables, quels que soient l'âge, les forces, les services qu'ils rendent ou sont appelés à rendre. Or, remarquons qu'en agissant envers ce fœtus d'après la règle suprême de morale : *Fais ce que dois, advienne que pourra*, on n'aura fait, en définitive, que suivre la règle suprême de la médecine, qui est, elle aussi, avons-nous dit, essentiellement *conservatrice*.

Et qu'on appelle, dans ces sortes de cas, des médecins consultants aussi nombreux et éclairés qu'on voudra, ils seront utiles à bien juger et préciser le cas, mais non jamais à faire que l'opposé du droit et du devoir devienne un devoir et un droit.

Mais, a dit Heister, l'arbre vaut mieux que le fruit;

Mais il convient, a-t-il dit encore, de sacrifier l'enfant dans les maisons ordinaires et de faire l'opposé dans les maisons royales;

Mais, a dit Nœgelé, et répète-t-on avec un talent éblouissant, la mère est ici dans le droit de légitime défense, admise par la philosophie, contre un *parricide* qui la menace;

(1) Cousin. *Du vrai, du beau et du bien*, 1854.

Mais ce beau cri, *sauvez la mère*, est général ; il s'est fait entendre même aux Tuileries.

Sans vouloir entrer dans de longs développements contre ces raisonnements purement spécieux, je me bornerai à dire qu'une courte réflexion fait sentir combien est inapplicable à la vie la comparaison de l'arbre et du fruit ; et que si le deuxième raisonnement de Heister était juste, toutes nos notions les plus élémentaires de morale seraient fausses.

Quant à l'argument de Nœgelé, qui donne droit de vie et de mort sur le fœtus, ce fœtus n'est-il pas bien innocemment la cause purement indirecte et occasionnelle d'un péril dont la cause première et positive est dans la mauvaise conformation du bassin et souvent aussi dans la volonté de sa mère ? Et de quel droit une tierce-personne, un médecin surtout, qui a dans sa main un moyen, une possibilité, si petite qu'on voudrait la dire, de les sauver l'un et l'autre, interviendrait-il, dans cette sorte de lutte dénaturée, pour aider l'un à détruire l'autre ? Mais répétons-le bien, dans les cas d'avortement provoqué dont je parle ici, c'est un individu qu'on sacrifie, non pas pour *la conservation* de l'autre, mais bien pour *la pure sécurité* de l'autre ; puisqu'on a, dans ces cas surtout, la bonne chance de sauver la moitié des femmes.

Je sais, et par expérience aussi, combien il est quelquefois difficile au médecin, au dernier terme d'une grossesse, dans ces moments suprêmes, urgents, impérieux, qui agitent si vivement le cœur et l'esprit, de placer à côté et au-dessus des impressions de l'imagination et du sentiment qu'il voit autour de lui et qu'il peut partager lui-même, de placer, dis-je, le jugement calme et droit de sa raison pour ne donner audience qu'à elle seule, et se faire un idéal de devoir qui le domine. Or c'est précisément là ce qu'il faut faire.

Loin d'oublier que *la fin* respectable de sauver la mère n'absout pas *le moyen, mauvais en soi,* de tuer l'enfant ; loin de se laisser aller à la morale de fantaisie et de faux-fuyant qu'il peut entendre, ou, encore moins, à une obséquieuse condescendance ; c'est ici qu'il lui appartient, tant que les deux vies, égales pour lui, sont là en présence, de faire valoir toutes les ressources dont il dispose, par l'opération césarienne ou autrement; de plaider la cause de l'enfant souvent trop oublié et dont il est l'avocat naturel; de faire vibrer peut-être la corde de l'amour maternel, et de n'agir, tant qu'il le pourra, que dans le sens de conservation des deux individus, puis, de l'individu survivant, quel qu'il soit, si l'un d'eux vient à succomber dans la lutte.

En agissant ainsi, on ne sera jamais trompé, et, en cas d'insuccès, on aura au moins au cœur la satisfaction de n'avoir en rien dévié de la droite ligne de vérité et de justice.

Est-il besoin de faire remarquer que ce cri, *sauvez la mère,* qu'on voudrait, par une soi-disant opinion publique ou par des expressions arrachées à la douleur et à la crainte, poser au-dessus des principes de la morale, tandis qu'il n'est basé que sur la pure hypothèse de la supériorité de la mère à l'égard de l'enfant; que ce cri, disons-nous, est ici tout simplement une contradiction dans les termes, puisqu'on commence par établir et avouer que, par son bassin, elle ne peut pas être mère, qu'elle ne peut être élevée à cette dignité que par l'opération césarienne? Et d'ailleurs n'est-il pas visible que ce cri, tout noble qu'il est, serait bien souvent capricieux et changeant, comme l'opinion d'où il émane? Si un empereur français a répondu (1), comme on l'a dit, *sauvez la mère,* à une question mal posée, puisque le savant accoucheur a su sauver la mère et l'enfant, un monarque d'une nation voisine a répondu : « *Sauvez l'enfant, on trouve plus facilement des femmes!* » lorsque sa troisième femme, Jeanne Seymour, était en proie à un laborieux accouchement.

Est-il besoin de faire remarquer enfin que le médecin, prenant pour conseillère la saine philosophie dont je parle, paraîtra ici dans tout son relief et sa puissance : 1° en puisant toujours dans le sentiment profond du devoir la fermeté de caractère suffisante pour ne pas perdre pied et tomber dans l'ornière

(1) J'avais cependant entendu souvent dire que cet illustre empereur avait fait une réponse plus humaine en disant : « Agissez comme vous le feriez envers une simple bourgeoise. »

d'une morale arbitraire et d'une médecine sans principes ; 2° en présentant, par une opération brillante, toujours un individu vivant et souvent deux, à la place d'un cadavre toujours et souvent de deux.

B. — *Religion.* — Ici mon incompétence augmentant encore, et me sentant aussi éloigné que possible de contester à personne et en quoi que ce soit le bénéfice du vieil adage chrétien *in dubiis libertas,* je ne tracerai que quelques lignes en vue surtout de débarrasser le terrain de quelques interprétations spécieuses mises en avant sur cette question. Je ne puis cependant m'empêcher d'insister sur une donnée fondamentale fournie par le christianisme relativement à la *prééminence humaine* sur tous les êtres créés, et à *l'égalité* de l'homme à l'égard de l'homme, d'où a découlé l'immense développement de civilisation produit par le respect de plus en plus grand rendu à la femme, à l'esclave, à l'être incurable ou difforme, au nouveau-né, à l'enfant dans le sein de sa mère. Cette donnée fondamentale c'est que l'homme est la fin des ouvrages du Créateur, le chef-d'œuvre de ses mains, le principal objet de ses soins. Si l'âme humaine n'est qu'un souffle, c'est le souffle de Dieu; et non-seulement elle est créée par Dieu et à l'image de Dieu (*ad ejus imaginem*), mais encore elle est rachetée par Dieu qui a revêtu pour cela une forme humaine.

Or, remarquons la radicale différence entre ce glorieux privilége, cette haute dignité donnée à tous les degrés de l'échelle humaine, et les expressions employées à l'égard du fœtus humain dans plusieurs de nos nouveaux traités d'accouchement ou par quelques autorités médicales (*un être qui diffère à peine de la plante,* Velpeau ; — *être vivant et non animé,* Bichat ; — *un parasite presque inerte, insensible,* Simonart ; — *une masse inerte,* Déchambre) ; — expressions tristes, fausses, et inacceptables, sinon par la seule doctrine ouvertement matérialiste : et c'est là en effet qu'il faut inévitablement descendre pour admettre logiquement le droit du médecin à l'avortement provoqué. Sans doute nous voyons tous les jours le galant homme se bien garder de nier tel principe fondamental et se borner à le violer; mais pour qui veut réfléchir un peu il apparaîtra que la question est ici nettement posée entre le matérialisme et la philosophie non-seulement chrétienne, mais même simplement spiritualiste ou rationaliste. Bien plus, à ce point de vue d'insignifiance du fœtus humain et de droit à l'avortement, je ne vois pas pourquoi on ne regarderait pas comme toute naturelle la page indigne que nous lisons dans le *the Medical times de* 1848, où le docteur Goodman raconte, avec commentaires approbatifs, l'histoire d'une dame sauvée par l'opération césarienne pratiquée par le docteur Knowies, puis redevenue enceinte par une sotte désobéissance à sa prescription. *Nemo mortalium omnibus horis sapit*, s'écrie-t-il; je ne lui ai pas enlevé, au moment de l'opération, les ovaires ou les trompes de Fallope, pour rendre impossible toute procréation future! (Il *écrit* le regret de n'avoir pas usé de son art pour extraire d'importants organes *sains* et anéantir à son gré une grave fonction chez une femme, dans la vue de la rendre mathématiquement soumise à ses ordres!) Là-dessus, il raconte comme quoi, avec l'aide d'un collègue, il la fait avorter le 7 décembre d'un fœtus d'environ deux mois, et comment elle meurt cinq jours après des suites de son avortement!

La religion, qui admet et accueille la philosophie spiritualiste comme *préface humaine de l'Évangile*, pose, comme elle, et d'une manière plus formelle et plus claire, (*non occides*), la défense obligatoire et absolue, hors le cas de légitime défense, d'attenter à la vie de nos semblables, en quelque circonstance que ce soit.

Il est très-contestable que le texte de Tertullien : « *Infans in ipso adhuc utero necessariâ crudelitate trucidatur,* » dont plusieurs partisans de l'avortement provoqué invoquent l'autorité, soit son opinion propre et non pas la simple énonciation de la doctrine de son temps. Aussi bien que tous les autres Pères de l'Eglise, il a toujours condamné l'infanticide et l'avortement, comme l'ont fait pareillement divers conciles; il s'élève même fortement contre Aristote qui croyait l'avortement permis dans les premières semaines.

Le cinquième Commandement, *non occides*, repousse absolument le droit du médecin à l'avortement provoqué, et protége l'enfant qui doit naître aussi bien que celui qui est né : l'individualité humaine étant complète dans le fœtus, le fœticide est assimilé à l'homicide. Ce Commandement n'admet, dit saint Augustin, d'exceptions que celles que Dieu lui-même a posées : conséquemment les meurtres dont il est parlé dans la Bible n'ont rien à voir avec le droit, que nous serions tentés de prendre, de tuer un fœtus en vue de sauver la mère; par la simple raison que notre sagesse bornée n'a pas à juger la sagesse infinie de Celui qui nous a édicté le *non occides*

Enfin que dire, au point de vue religieux auquel on nous entraîne, d'un médecin et d'une femme qui, froidement et sur de simples chances éloignées, conviennent de soustraire le fœtus animé au bienfait inestimable du baptême?

Que dire de la nécessité, dont parle Capuron, qui serait faite au médecin de lancer, à l'aide d'une seringue, un baptême problématique sur l'enfant qu'il va céphalotomiser, et dont il sera, dans la même minute, le père spirituel et le bourreau?

C. — *Droit.* — La loi protége le fœtus dès ses premières lueurs par l'art. 317 du Code pénal, applicable à toutes les phases de son existence ; et elle ne pourra jamais admettre pour une manœuvre qui tue à coup sûr un fœtus une exception que l'art. 316 admet pour la castration, laquelle ne s'adresse qu'à un seul individu pour le sauver probablement d'un danger certain.

La loi n'admettra pas davantage cette sorte de tribunal constitué par un ou plusieurs médecins et une famille, et cette décision revêtue d'un soi-disant caractère d'utilité publique par laquelle un fœtus serait condamné et mis à mort, lorsqu'une opération, faite ici dans les meilleures conditions possibles, offrirait des chances même les plus minimes de sauver la mère et l'enfant. Et le moins qui serait fait, ce me semble, si la doctrine de l'avortement se propageait, serait que l'accoucheur, qui s'est figuré avoir bien fait en provoquant l'avortement, serait tenu de venir présenter son excuse au magistrat devant lequel, déjà, il est obligé de se présenter quand il a été imprudemment homicide.

La loi n'exprime nulle part le droit de choix ou préférence à faire dans ces sortes de cas; pas plus que la morale, elle n'admet que le droit de conservation soit moins sacré chez tel, quel qu'il soit, que chez tel autre. Et où avons-nous vu que nous, accoucheurs, ayons, plus que d'autres, à nous arroger un pareil droit de préférence? Avons-nous pareillement à extraire des règles de conduite, des calculs de future mortalité pour les enfants? Avons-nous, en réalité, d'autre mission que de protéger et adoucir la vie? Et, en se mettant dans cette théorie, gratuite et fausse, que nous avons qualité à préférer et juger en cas de vie ou de mort, est-il bien clair que nous ne nous trompons pas; et que cet enfant, né d'un père robuste, vaut moins que cette femme rachitique et difforme? (Cette différence à l'avantage de l'enfant, que je ne veux du reste pas prendre comme argument, a été on ne peut plus saillante pour les deux enfants que m'ont fournis mes deux opérations césariennes.)

Sacrifier ainsi l'enfant, c'est aller contre la fin et la loi de la société, qui est la multiplication de l'espèce;

C'est aider à dégrader la femme qui abdique la noblesse de sa mission;

C'est abaisser le caractère du médecin jusqu'à ce point d'en faire, comme le dit excellemment M. Bégin, *un exécuteur de l'arrêt inacceptable d'une mère sans entrailles;*

C'est laisser à un mari, à une famille un droit de préférence qu'ils n'ont pas, et lorsqu'ils pourraient n'avoir pour mobile que la cupidité en vue d'un héritage;

C'est dire à la loi qu'elle s'est trompée, et que la justice sera plus complète et la société mieux garantie, par la radiation de l'art. 317, devenu incompatible avec les progrès que viennent de faire faire à *l'art de guérir* MM. les accoucheurs, en *tuant savamment* les fœtus humains qui les gênent;

C'est ôter au crime sa flétrissure;

C'est relâcher et rompre le plus antique et le plus sacré de tous les liens, le lien maternel; tandis qu'un attendrissant cri de mère, (nous l'avons entendu), pourra souvent, quelque mois plus tard, s'échapper, même au milieu des douleurs de l'opération, d'une bouche qui, momentanément égarée, avait réclamé la mort de son enfant.

Je pourrais étendre bien davantage les considérations et inconvénients de plus d'un genre qui se présenteraient en foule contre l'extension de cette doctrine; mais sentant combien le peu de portée de mon approbation ou de mon blâme justifie mon silence sur les détails, je me hâte d'en finir, heureux si j'ai pu faire comprendre que les idées spéculatives engendrent quelquefois, ou, à tout le moins, fortifient de bonnes idées pratiques, et que le divorce artificiel entre ces deux ordres d'idées peut être pour celles-ci une cause réelle de faiblesse, puisque nous voyons quelquefois, comme ici, les principes scientifiques les plus clairs manquer d'une sérieuse conclusion pratique (1), et, par suite, les vérités les plus simples nous échapper. Et je me plais à être assuré que de nouveaux faits, de nouveaux perfectionnements, de nouvelles réflexions, partant de plumes plus fortes et plus autorisées que la mienne, viendront successivement convertir cette rapide esquisse en une œuvre complète et amener tous les esprits à la pratique

(1) Cette fluctuation des esprits, cette incertitude, cette contradiction et mutation rapide d'opinion et de pratique chez les intelligences médicales les plus distinguées dès qu'elles ont adopté le droit à l'avortement, a été signalée et appréciée avec infiniment de tact et de vérité par M. Malgaigne, dans son compte-rendu des discussions académiques, en 1852, au sujet du travail de M. Lenoir relatif à la fille Gros. Et ce savant professeur insiste à bon droit, à cette occasion, sur *le grave inconvénient résultant de la parfaite insouciance des études philosophiques*. N'est-ce pas le cas de faire remarquer le significatif contraste entre cette fluctuation, ces pénibles tiraillements dont on parle, et la tenue invariable et calme qu'on trouve dans la doctrine opposée? Ne pourrait-on pas aussi faire la remarque que, loin de ne voir que de vagues abstractions ou de chimériques utopies dans la connexion de la philosophie spiritualiste et de la médecine, — qui ont cependant sur tant de points quelque chose à se demander et un compte réciproque à se rendre, — notre paresseuse défiance ne tendrait à rien moins qu'à mutiler la raison médicale, en la privant et d'une importante gymnastique intellectuelle, et d'un utile criterium de vérité scientifique?

uniforme, vraie en principe, humaine dans ses conséquences, que je précise dans les cinq conclusions ci-devant exprimées (voir le précédent cahier, page 338), lesquelles ressortent fidèlement des faits et considérations consignés dans ce travail.

1° L'opération césarienne peut être simplifiée et rendue moins grave par une incision plus exactement fixée, réduite à 13 centimètres, et surtout par la substitution à la gastroraphie d'un appareil simple, facile et sûr dont la possibilité avait depuis longtemps été entrevue, mais qui n'avait jamais jusqu'ici été précisé, ni formulé, ni pratiqué; cet appareil est également applicable aux cas de gastrotomie pour extraire l'enfant après une rupture de matrice ou à l'occasion d'une grossesse extra-utérine, comme aussi à toutes les éventrations accidentelles.

2° Faite de la sorte et dans les conditions voulues exposées plus haut; participant, comme toutes les opérations, aux progrès chirurgicaux et à la précision de plus en plus grande de nos procédés opératoires, rendus plus sûrs par une étude et une appréciation approfondies des causes qui l'ont fait échouer; secondée et adoucie qu'elle peut être maintenant par le chloroforme, cette opération devrait être moins redoutée, moins tardivement et moins rarement pratiquée; et ainsi réhabilitée, elle donnera des résultats non pas rétrogrades, comme l'insinueraient certaines statistiques, mais au contraire de plus en plus satisfaisants et d'autant plus heureux que, dans la plupart des cas, on n'a, pour élever sur ses ruines, que des procédés destructeurs de l'enfant et dangereux pour la mère.

3° L'accouchement prématuré artificiel, qui ne peut être tenté que dans les limites étroites de 67 millimètres à 9 centimètres, tout en étant une doctrine acceptable à tous égards, ne paraît pas donner des résultats équivalents à ceux de l'opération césarienne.

4° L'opération césarienne, faite dans ces mêmes conditions voulues, et autant que possible sans manœuvres préalables compromettantes, doit être toujours préférée à la céphalotomie sur l'enfant vivant.

5° L'avortement provoqué, dans la prévision d'un accouchement naturel impossible par étroitesse du bassin, ne doit jamais être conseillé ni pratiqué.

La pratique claire et consolante exprimée par ces conclusions aura l'avantage, en même temps qu'elle donnera des résultats utiles à l'humanité, de rester en parfaite concordance avec les grands principes qui régissent toutes les consciences; et notre médecine nationale, fière à bon droit de ses perfectionnements et progrès, tournés uniquement aux procédés qui conservent et adoucissent la vie, et fermement retranchée dans les principes séculaires qui font son autorité et sa gloire, aura su se maintenir dans la haute position de régulatrice plutôt qu'imitatrice des aventureuses innovations du dehors.

LEBLEU
Chirurgien en chef de l'hôpital de Dunkerque.

Paris. — Imprimerie de Cosson, rue du Four-St-G., 43.

www.ingramcontent.com/pod-product-compliance
Ingram Content Group UK Ltd.
Pitfield, Milton Keynes, MK11 3LW, UK
UKHW020947220726
13924UKWH00002B/544

9 782019 283728